Du hast Himmel und Erde gemacht durch deine große Kraft.

Jeremia 32,17

Januar 2025	Mo	Di	Mi	Do	Fr	Sa	So
			1	2	3	4	5
	6	7	8	9	10	11	12
	13	14	15	16	17	18	19
	20	21	22	23	24	25	26
	27	28	29	30	31		

1. Neujahr

Gott ist allmächtig, allwissend und allgegenwärtig

Ehe denn die Berge wurden und die Erde und die Welt geschaffen wurden, bist du, Gott, von Ewigkeit zu Ewigkeit.
Psalm 90,2

Alles hat er so eingerichtet, dass es schön ist zu seiner Zeit. Auch die Ewigkeit hat er den Menschen ins Herz gelegt. Aber das Werk Gottes vom Anfang bis zum Ende kann kein Mensch begreifen.
*Prediger 3,11**

Gott ist Liebe, und wer in der Liebe bleibt, der bleibt in Gott und Gott in ihm.

1. Johannes 4,16

Februar 2025

Mo	Di	Mi	Do	Fr	Sa	So
					1	2
3	4	5	6	7	8	9
10	11	12	13	14	15	16
17	18	19	20	21	22	23
24	25	26	27	28		

Gottes Liebe hilft aus aller Not

Die Liebe hat ihren Grund nicht darin, dass wir Gott geliebt haben, sondern dass er uns geliebt und seinen Sohn als Sühnopfer für unsere Sünden gesandt hat.

*1. Johannes 4,10**

Gott war in Christus, als er durch ihn die Menschen mit sich versöhnte. Er rechnete ihnen ihre Verfehlungen nicht an und übergab uns die Botschaft der Versöhnung.

2. Korinther 5,19

Der Gottlose verlasse seinen Weg und der Übeltäter seine Gedanken; und er kehre um zu dem HERRN, so wird er sich über ihn erbarmen, und zu unserem Gott, denn bei ihm ist viel Vergebung.

Jesaja 55,7

Lasst euch in eurem Denken verändern und euch innerlich ganz neu ausrichten.

Epheser 4,23

März 2025	Mo	Di	Mi	Do	Fr	Sa	So
						1	2
	3	4	5	6	7	8	9
	10	11	12	13	14	15	16
	17	18	19	20	21	22	23
	24	25	26	27	28	29	30
	31						

Gott schenkt einen Neubeginn

Denn so sehr hat Gott die Welt geliebt, dass er seinen eingeborenen Sohn gab, damit jeder, der an ihn glaubt, nicht verlorengeht, sondern ewiges Leben hat.

Johannes 3,16

Gott aber, der reich ist an Erbarmen, hat um seiner großen Liebe willen, mit der er uns geliebt hat, auch uns, die wir tot waren durch die Übertretungen, mit dem Christus lebendig gemacht – aus Gnade seid ihr errettet!

Epheser 2,4.5

Wer seine Schuld verheimlicht, dem wird es nicht gelingen, wer sie aber bekennt und lässt, der wird Barmherzigkeit erlangen.

Sprüche 28,13

Des Herrn Wort ist wahrhaftig;
und was er zusagt, das hält er gewiss.

Psalm 33,4

April 2025	Mo	Di	Mi	Do	Fr	Sa	So
		1	2	3	4	5	6
	7	8	9	10	11	12	13
	14	15	16	17	18	19	20
	21	22	23	24	25	26	27
	28	29	30				

18. Karfreitag; 20.+21. Ostern

Gottes Zusage an Dich

Da sprach Jesus zu denen, die an ihn glaubten: Wenn ihr in meinem Wort bleibt, so seid ihr wahrhaftig meine Jünger, und ihr werdet die Wahrheit erkennen, und die Wahrheit wird euch frei machen!
Johannes 8,31.32

Zur Freiheit hat uns Christus befreit. Steht also fest und lasst euch nicht wieder in ein Joch der Knechtschaft einspannen.
Galater 5,1

Sei nur stille zu Gott, meine Seele; denn er ist meine Hoffnung.

Psalm 62,6

Mai 2025	Mo	Di	Mi	Do	Fr	Sa	So
				1	2	3	4
	5	6	7	8	9	10	11
	12	13	14	15	16	17	18
	19	20	21	22	23	24	25
	26	27	28	29	30	31	

1. Maifeiertag; 29. Christi Himmelfahrt

Vertrauen macht stark

Ach, Herr, siehe, du hast den Himmel und die Erde gemacht mit deiner großen Kraft und mit deinem ausgestreckten Arm; dir ist nichts unmöglich!
Jeremia 32,17

Jesus war in der Welt, und die Welt ist durch ihn geworden, doch die Welt erkannte ihn nicht. Er kam in sein Eigentum, und die Seinen nahmen ihn nicht auf. Allen aber, die ihn aufnahmen, denen gab er das Recht, Kinder Gottes zu werden, denen, die an seinen Namen glauben.
Johannes 1,10-12

Jesus sagt:
Ich bin das Licht der Welt.
Johannes 8,12

Juni 2025

Mo	Di	Mi	Do	Fr	Sa	So
						1
2	3	4	5	6	7	8
9	10	11	12	13	14	15
16	17	18	19	20	21	22
23	24	25	26	27	28	29
30						

8.+9. Pfingsten

Eine besondere Einladung

Jesus sagt: Kommt alle her zu mir, die ihr euch abmüht und unter eurer Last leidet! Ich werde euch Ruhe geben. Vertraut euch meiner Leitung an und lernt von mir, denn ich gehe behutsam mit euch um und sehe auf niemanden herab. Wenn ihr das tut, dann findet ihr Ruhe für euer Leben.

*Matthäus 11,28.29 **

Wen da dürstet, der komme; und wer da will, der nehme das Wasser des Lebens umsonst!

Offenbarung 22,17

Ich warte auf den HERRN;
und ich hoffe auf sein Wort.

Psalm 130,5

Juli	Mo	Di	Mi	Do	Fr	Sa	So
2025		1	2	3	4	5	6
	7	8	9	10	11	12	13
	14	15	16	17	18	19	20
	21	22	23	24	25	26	27
	28	29	30	31			

Eine himmlische Zukunft für Dich

Jesus spricht zu seinen Jüngern: Im Haus meines Vaters sind viele Wohnungen; wenn nicht, so hätte ich es euch gesagt. Ich gehe hin, um euch eine Stätte zu bereiten. Und wenn ich hingehe und euch eine Stätte bereite, so komme ich wieder und werde euch zu mir nehmen, damit auch ihr seid, wo ich bin.
Johannes 14,2.3

Ich bin die Tür; wenn jemand durch mich hineingeht, der wird gerettet werden.
Johannes 10,9

Der HERR ist mit euch,
wenn ihr mit ihm seid;
und wenn ihr ihn sucht,
so wird er sich von
euch finden lassen!

2. Chronik 15,2

August 2025	Mo	Di	Mi	Do	Fr	Sa	So
					1	2	3
	4	5	6	7	8	9	10
	11	12	13	14	15	16	17
	18	19	20	21	22	23	24
	25	26	27	28	29	30	31

Zuversicht in schweren Zeiten

Jesus spricht: Siehe, ich bin bei euch alle Tage bis an das Ende der Welt.
Matthäus 28,20

Frieden hinterlasse ich euch, meinen Frieden gebe ich euch. Nicht so, wie die Welt gibt, gebe ich euch. Euer Herz erschrecke nicht und fürchte sich nicht.
Johannes 14,27

Das habe ich zu euch geredet, damit ihr in mir Frieden habt. In der Welt habt ihr Angst; aber seid getrost, ich habe die Welt überwunden.
Johannes 16,33

Dein Wort ist wie
ein Licht in der Nacht,
das meinen Weg erleuchtet.

Psalm 119,105

September 2025	Mo	Di	Mi	Do	Fr	Sa	So
	1	2	3	4	5	6	7
	8	9	10	11	12	13	14
	15	16	17	18	19	20	21
	22	23	24	25	26	27	28
	29	30					

Die Zuverlässigkeit der Bibel

Im Anfang war das Wort, und das Wort war bei Gott, und Gott war das Wort. Dasselbe war im Anfang bei Gott.

Johannes 1,1.2

Alle Schrift ist von Gott eingegeben. Sie ist nützlich zur Lehre, zur Überführung, zur Besserung, zur Erziehung in der Gerechtigkeit, damit der Mensch Gottes vollkommen und zu jedem guten Werk ausgerüstet ist.

2. Timotheus 3,16.17

Himmel und Erde werden vergehen; aber meine Worte werden nicht vergehen.

Matthäus 24,35

GOTT LIEBT DICH

Das Erste, was Du wissen solltest, ist: Gott liebt Dich vollkommen! Seine Liebe ist grenzenlos und bedingungslos! Es gibt nichts, was sich Gott mehr wünscht, als dass Du seine Liebe persönlich erfährst und in der Beziehung zu ihm den Sinn des Lebens entdeckst.
(Die Bibel: 1. Johannes 4,16)

ICH HABE GESÜNDIGT

Leider erfahren wir Menschen Gottes Liebe nicht, weil wir Gott ignorieren. Wir suchen nach Sinn und Erfüllung, aber nicht bei Gott. Wir misstrauen ihm und missachten seine Regeln. Diesen Alleingang nennt die Bibel Sünde. Sünde verletzt unsere Beziehungen und zerstört unser Zusammenleben als Menschen. Sie trennt uns vom Leben, wie Gott es gedacht hat.
(Die Bibel: Römer 3,23)

JESUS STARB FÜR MICH

Unsere Sünde hält Gott nicht davon ab, uns zu lieben. Er ist so weit gegangen, dass er in Jesus Christus Mensch wurde und sein Leben für uns hingab. An unserer Stelle nahm er am Kreuz die Konsequenz der Sünde auf sich. Jesus starb – aber er ist wieder zum Leben auferstanden. Er hat uns mit Gott versöhnt. Durch den Glauben an ihn können wir Gottes Liebe erfahren und erhalten ewiges Leben. (Die Bibel: Johannes 3,16)

WILL ICH MIT JESUS LEBEN?

Gott hat alles getan, um uns zu zeigen, wie sehr er uns liebt. Durch Jesus Christus bietet er uns erfülltes und ewiges Leben an. Jeder Mensch ist herausgefordert, eine Entscheidung zu treffen. Wir können beten, dass Gott uns unseren Alleingang vergibt. Und wir können uns entscheiden, im Vertrauen auf Jesus Christus von jetzt an mit Gott zu leben. Wie entscheidest Du Dich?
(Die Bibel: Johannes 1,12)

Quelle: thefour.com/de

Leben mit Gott

REDE MIT GOTT

Rede so oft wie möglich mit Gott! Er interessiert sich für jedes Detail Deines Lebens und freut sich darüber. Nichts von dem, was Dir wichtig ist, ist ihm zu unwichtig. Mit der Zeit wirst Du auch lernen, Gottes Reden wahrzunehmen.

LIES GOTTES WORT

Lies täglich in der Bibel! Beginne z. B. mit dem Lukas-Evangelium. Frage Dich, was der Abschnitt über Gott und was er über uns als Menschen sagt. Frage Dich, was das für Dich ganz praktisch heißt. So wirst Du Gott und Dich selbst immer besser kennenlernen.

GLAUBE IHM

Glauben heißt Vertrauen. Vertraue Gott in allem! Beginne das zu leben, wovon Du überzeugt bist, dass es Gott wichtig ist. Setze dafür Deine Begabungen ein. Erzähle auch anderen von Jesus und Deinem neuen Leben mit ihm. Glaube und Liebe in Wort und Tat gehören zusammen. Gott will Dir den Willen und die Kraft dazu geben durch seinen Heiligen Geist.

TRIFF DICH MIT ANDEREN

Als Kind Gottes bist Du Teil seiner weltweiten Familie geworden. Suche den Kontakt zu anderen Christen, die sein Wort, die Bibel, lieben. Wir brauchen gegenseitig Ermutigung und Korrektur, um in dieser Welt nach Gottes Vorstellungen und nicht nur nach dem Mainstream zu leben.

Der HERR behüte
deinen Ausgang und
Eingang von nun an
bis in Ewigkeit.

Psalm 121,8

Oktober 2025	Mo	Di	Mi	Do	Fr	Sa	So
			1	2	3	4	5
	6	7	8	9	10	11	12
	13	14	15	16	17	18	19
	20	21	22	23	24	25	26
	27	28	29	30	31		

3. Tag der Deutschen Einheit

Das größte Gebot

Jesus sprach zu ihm: Du sollst den Herrn, deinen Gott, lieben mit deinem ganzen Herzen und mit deiner ganzen Seele und mit deinem ganzen Denken. Das ist das erste und größte Gebot. Und das zweite ist ihm vergleichbar: Du sollst deinen Nächsten lieben wie dich selbst.

Matthäus 22,37-40

Der tiefste Grund für unsere Zuversicht liegt in Gottes Liebe zu uns: Wir lieben, weil er uns zuerst geliebt hat.

1. Johannes 4,19

Wie geschrieben steht: Was kein Auge gesehen und kein Ohr gehört und keinem Menschen ins Herz gekommen ist, was Gott denen bereitet hat, die ihn lieben.

1. Korinther 2,9

Das ist aber das ewige Leben, dass sie dich, der du allein wahrer Gott bist, und den du gesandt hast, Jesus Christus, erkennen.

Johannes 17,3

November 2025	Mo	Di	Mi	Do	Fr	Sa	So
						1	2
	3	4	5	6	7	8	9
	10	11	12	13	14	15	16
	17	18	19	20	21	22	23
	24	25	26	27	28	29	30

Die Hoffnung der Auferstehung

Jesus spricht: Ich bin die Auferstehung und das Leben. Wer an mich glaubt, wird leben, auch wenn er stirbt; und jeder, der lebt und an mich glaubt, wird in Ewigkeit nicht sterben. Glaubst du das?

Johannes 11,25.26

Gelobt sei der Gott und Vater unseres Herrn Jesus Christus, der uns aufgrund seiner großen Barmherzigkeit wiedergeboren hat zu einer lebendigen Hoffnung durch die Auferstehung Jesu Christi aus den Toten.

1. Petrus 1,3

Dezember 2025

Mo	Di	Mi	Do	Fr	Sa	So
1	2	3	4	5	6	7
8	9	10	11	12	13	14
15	16	17	18	19	20	21
22	23	24	25	26	27	28
29	30	31				

25.+26. Weihnachten

Das ewige Leben

Jesus spricht: Wahrlich, wahrlich, ich sage euch: Wer mein Wort hört und dem glaubt, der mich gesandt hat, der hat das ewige Leben und kommt nicht in das Gericht, sondern er ist vom Tod zum Leben hindurchgedrungen.
Johannes 5,24

Wer den Sohn Gottes hat, der hat das Leben; wer den Sohn Gottes nicht hat, der hat das Leben nicht. Dies habe ich euch geschrieben, damit ihr wisst, dass ihr ewiges Leben habt, die ihr an den Namen des Sohnes Gottes glaubt.
1. Johannes 5,12.13

Lerne Gottes Wort **(die Bibel)** kennen und verstehen! Jetzt ganz einfach mit der **EMMAUS Bibelkurs-App** auch am Computer.

Scanne den QR-Code und starte noch heute. **Bibelkurse und Bibeln kostenlos in vielen Sprachen.** Auch als Web-App im Browser. **www.emmaus-app.com**

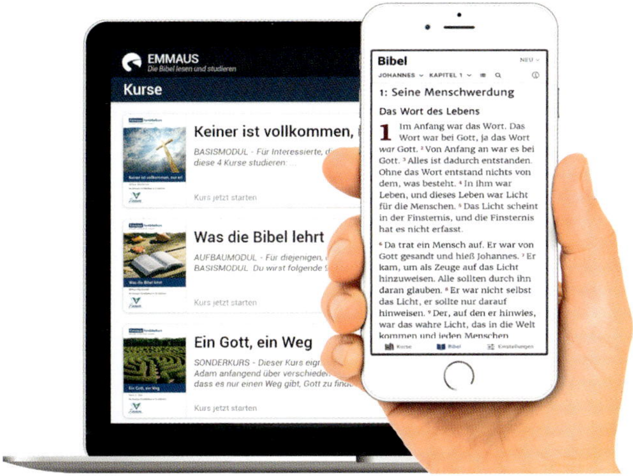

Available on the App Store

GET IT ON Google Play

Web-App